ELS NOSTRES CONTES IL·LUSTRATS

6. L'aneguet lleig

Peu de la Creu, 4. 08001 Barcelona
correu@grup62.com
www.grup62.com

Il·lustracions: Francesca Chessa
Traducció: Discobole, SL
Fotomecànica: Víctor Igual, SL
Impressió: I. Gráficas Mármol, SL
Dipòsit legal: B-32.989-2005
ISBN: 84-297-5690-6

L'aneguet lleig

un conte de Hans Christian Andersen

amb il·lustracions de Francesca Chessa

edicions 62

i havia una vegada, un

estiu de calor, una mare ànega que covava el seus ous.

Havia fet el niu vora el mur que encerclava un antic castell, a redós de les canyes que creixien als marges d'un canal molt pròxim. Al voltant hi havia camps i més enllà de la muralla, un gran galliner.
La mare ànega esperava la desclosa dels ous. La paciència va tenir el seu premi, i set petitons van treure el cap de les closques. Tots llevat d'un. Quedava un vuitè ou, gros i gris, diferent dels altres, que no semblava que tingués cap intenció d'obrir-se.

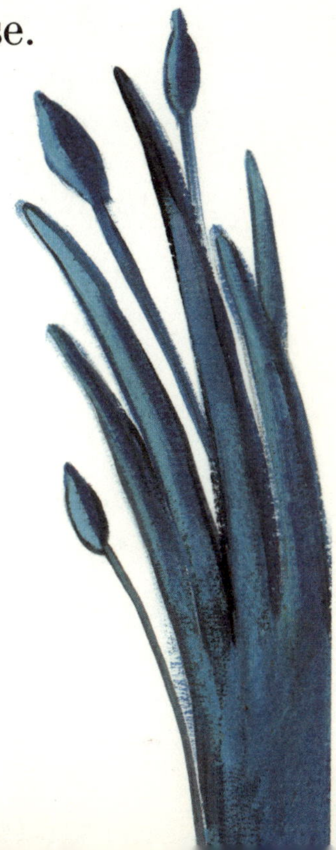

Una amiga ànega va anar a fer-li una visita.
—Com anem? —va preguntar a la jove mare.
I ella va contestar:
—Aquest ou no es vol obrir. Mira, en canvi, els altres aneguets: se'ls veu ben macos i amb bona salut, i tots s'assemblen al seu pare.
—A veure, filleta, ensenya'm l'ou que no es vol trencar: jo hi entenc molt en aquestes coses. Ui, això més aviat sembla un ou de gall dindi. Més val que ho deixis córrer i que et cuidis dels que ja han nascut.
—Però és que jo encara el covaria una mica més. Ara ja no ve d'un.
—Fes el que et sembli, doncs —va dir l'ànega vella, empipada, i va marxar amb altivesa.
Per fi, després de molta espera, l'ou es va trencar i en va sortir un pollet gros, cobert d'un borrissol gris.

«No s'assembla gens als seus germans —va pensar la mare ànega, mirant-se'l—. I si de debò és un gall dindi? Bé, el duré a l'estany. El vull veure a l'aigua, amb els altres».

L'endemà la família va anar, doncs, cap a l'estany. La mare ànega encapçalava la filera, seguida de la piuladissa dels aneguets. La tancava el que havia nascut l'últim.

—Quac, quac, quac! —va manar la mare ànega i, l'un darrere l'altre, plof, plof, plof!, els aneguets es van capbussar a l'aigua. Després d'algunes indecisions, suraven tots que feia goig de veure'ls.

—Guaita com neden, i el darrer té més traça i tot que els seus germans! Quina sort, amb això ja em quedo tranquil·la. Ara ja sé que no és un gall dindi —va dir la mare satisfeta.

La mare ànega va decidir llavors que havia arribat l'hora d'anar a presumir dels seus aneguets.
—Seguiu-me, menuts. Us vull presentar als habitants del galliner. Feu el favor d'estar ben drets i de no posar una pota sobre l'altra. I sobretot, recordeu-vos de fer una inclinació a l'ànega més vella.
Al galliner hi vivia una vella ànega francesa, molt respectada tant pels animals com pels homes. Com a senyal distintiu de la seva noblesa portava una cinta vermella lligada a la pota dreta. Tothom al galliner la servia i la reverenciava. Els aneguets van passar davant la gran dama i es van inclinar.
—Molt macos, els teus aneguets. Tret d'aquell més gros d'allà baix. És com si hagués sortit tarat —va sentenciar la vella ànega.
—Va sortir tard de l'ou, però hauríeu de veure com neda! I és tan bon noi! —el va defensar la mare ànega—. Quan creixi serà com els altres, segur. A més, és un mascle tot força i salut: ja us dic que farà carrera.

Però l'aneguet lleig ben aviat va ser el blanc de les bromes i dels insults de tothom. Les gallines el picaven al cap, i un gall dindi el va escometre a cops de pota. I també hi van posar de la seva part els germans, i fins i tot la mare que, cansada de sentir parlar malament d'aquell fill poc agraciat, li va dir:
—Com m'agradaria que marxessis lluny d'aquí!
Maltractat per tothom, trist com un mai més, el pobre aneguet lleig va decidir fugir. Va agafar embranzida, va batre les ales i volant amb més pena que glòria es va precipitar enllà del galliner. Quan els va passar a la vora, uns pardals es van envolar, esverats. Ell, pobret, convençut que s'havien espantat de veure'l, va córrer i córrer i córrer fins que es va sentir massa cansat per continuar.

I així va ser com l'aneguet lleig va arribar a la riba d'un aiguamoll poblat per ànegues salvatges. Es va aixoplugar enmig de l'espessor de les canyes. Va quedar-se allà tota la nit sense atrevir-se a sortir. L'endemà va ser el rau-rau de la gana que el va obligar a sortir del seu amagatall. Va ser llavors que les ànegues el van veure. Encuriosides, van fer una rotllana al seu voltant. L'aneguet les va saludar amb matusseria.
—Vaja, ets ben lletget, però, si vols, pots quedar-te —va dir una de les ànegues en nom de totes—. Ara, que no se t'acudeixi pretendre casar-te amb una de nosaltres...
L'aneguet no tenia pas el pensament de casar-se. Era, aquella, l'última cosa en què pensava: encara era un pollet. Ell només volia viure en pau, trobar alguna cosa per menjar i, si de cas, fer petar la xerrada amb algú.

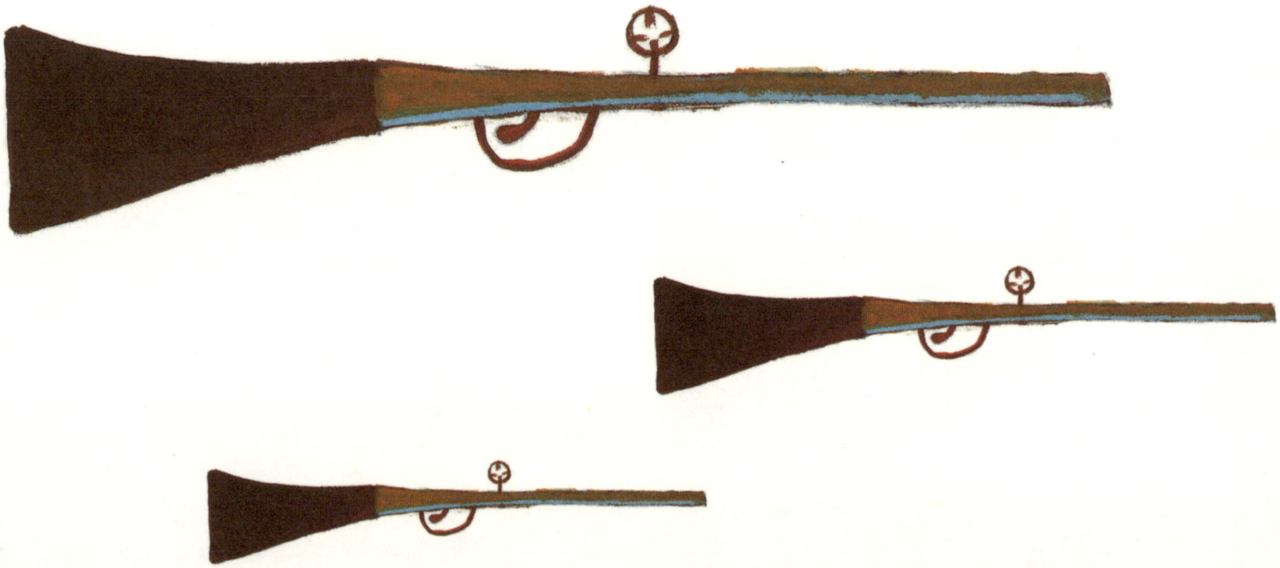

Al cap d'uns quants dies, van arribar a l'aiguamoll dues oques joves. Eren dos mascles acabats de sortir de l'ou que no havien vist el món per un forat però que feien molt el fatxenda. Van veure l'aneguet i li van dir:

—Hola, noi. Que vols ser un dels nostres? No gaire lluny d'aquí hi ha un aiguamoll molt més gran. Hi viuen oques salvatges, joves, maques i simpàtiques. Si véns amb nosaltres, faràs noves i interessants coneixences.

Les dues oques encara no havien acabat de parlar que pim, pam, pum!, es va sentir un gran rebombori. Els caçadors, a l'aguait entre les canyes, havien obert foc. Les dues oques joves van ser abatudes. Al cap d'un moment ja suraven a l'aigua, mortes.

El pobre aneguet, aterrit, només va poder amagar el cap sota l'ala i fer per manera d'empetitir-se, empetitir-se, mentre al seu voltant es desfermava la guerra. Els trets se sentien cada vegada més a prop, i quan encertaven el blanc, del cel plovien els ànecs abatuts. Tot al voltant ressonaven els passos feixucs dels caçadors que encerclaven l'aiguamoll i les corredisses dels gossos que bordaven i anaven a buscar les preses. Finalment, l'enrenou va semblar que s'apaivagava, l'aneguet lleig va aixecar a poc a poc el cap i de sobte es va trobar cara a cara amb un gos enorme que grunyia amenaçador. El pollet es va quedar quiet, convençut que havia arribat la seva fi. El gos el va ensumar i, tot seguit, encara que sembli increïble, va girar cua i se'n va anar. S'havia salvat!

La cacera es va allargar tot el dia. Els trets van continuar xiulant entre les canyes, intercalats amb els lladrucs forassenyats dels gossos. L'endemà tot va continuar igual. Després, per fi, el silenci. Els caçadors i els gossos havien marxat. L'aneguet es va esperar, de por que tenia que tornés a desfermar-se aquell infern. Només cap al tard va gosar treure el cap de les canyes per explorar el terreny. En veure que per allà havia tornat la calma, l'aneguet va sortir del seu refugi i va arrencar a córrer desesperat, deixant l'aiguamoll enrere. Va travessar camps i prats i, abans no es fes de nit, va arribar a una cabana. El llum era encès i la porta oberta: el petit es va esmunyir cap dins.

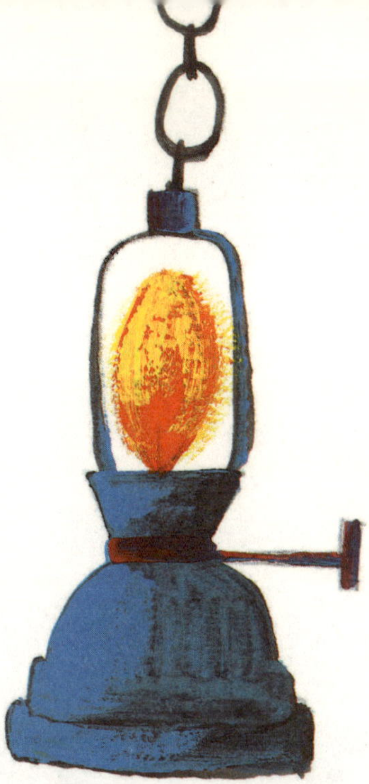

A la casa hi vivia una senyora gran en companyia d'un gat i d'una gallina. El gat era una bèstia grossa i pèl-roja. Estava tota l'estona arrupit als genolls de la seva mestressa, que el mimava i l'aviciava com si fos un fill. I ell la corresponia amb un sorollós rum-rum de plaer. Al gat, li agradava que l'acaronessin: el seu pèl lleonat deixava anar espurnes i s'encenia amb clarors de foc.
La gallina era una lloca grassa i blanca de potes curtes i fortes. També a ella, la mimava la senyora gran, perquè feia un munt d'ous rodons i blancs. Rebia el malnom de Camacurta i, com el gat, s'aprofitava de l'afecte de la vella per fer i desfer dintre casa. Era ben bé com si fossin els amos, aquells dos animals.

Quan l'aneguet lleig va fer la seva tímida entrada, la Camacurta i el gat li van barrar el pas, l'una inflant les plomes, l'altre arquejant l'esquena i bufant. Fent això, van cridar l'atenció de la vella, que va adonar-se de la presència de l'aneguet però, com que no hi veia bé, el va prendre per un ànec adult. I va dir:

—Fantàstic. Un ànec és el que necessita aquesta casa. Així, a més dels ous de la Camacurta, també tindré els teus. Llevat que siguis un mascle...

L'aneguet va ser posat a prova però, com era d'esperar, no va fer cap ou. El gat i la gallina se'l miraven amb menyspreu i no paraven de repetir-li:

—Aquí no, allà tampoc, això és nostre, allò és nostre...

L'aneguet prou que s'escarrassava a dir-hi la seva, però aquells prepotents el posaven de seguida al seu lloc:

—Oi que no saps fer ni ous ni res?

I quan ell contestava que no, tots dos li etzibaven:

—Doncs tanca la boca; no tens dret a parlar.

L'aneguet s'estava tot sol en un racó, però com més temps passava més trobava a faltar els dies a l'aire lliure i les capbussades a l'aigua de l'estany. Tant ho enyorava que fins i tot es va oblidar de la por i de les malifetes que havia hagut de patir.

—Tinc unes ganes boges d'anar a nedar —va confiar un dia a la gallina.

—Però amb què surts tu ara? Més valdria que pensessis a fer un ou —el va renyar ella.

—És més maco surar damunt l'aigua, i capbussar-se, i nedar... —va dir l'aneguet.

—Sí, ves quina diversió! —va dir el gat amb despit.

—Vosaltres no ho podeu entendre —va dir l'aneguet, amb un fil de veu.

El gat i la gallina el van renyar:

—Mi-te'l aquest! Estàs fet un desagraït; no serveixes per a res, no saps fer res, menges de gorra i encara et planys.

Però l'aneguet, tip d'aquella vida tan avorrida, va dir:

—Em sembla que marxaré.

I així ho va fer.

L'aneguet va reprendre la seva vida a cel obert. Perillosa, sí, però plena d'emocions. Va arribar la tardor, les fulles van caure dels arbres i l'aire es va refredar. Van venir les pluges. El pobrissó es va aixoplugar entre els joncs d'un estany. Un vespre que el vent havia escombrat l'aire i el sol l'havia acolorit de reflexos daurats, un estol d'ocells blancs va alçar el vol, destacant-se contra el cel. L'aneguet no havia vist mai uns ocells tan bonics. Volaven solemnes, estirant endavant un coll molt llarg: eren cignes. Estaven emigrant cap als països càlids, per passar-hi l'hivern. L'aneguet se'ls va mirar i de sobte se li va encongir el cor. La imatge d'aquells ocells li va deixar un estrany sentiment, una mena de profunda nostàlgia.

—Ah, si pogués anar amb ells...

Quan els cignes van desaparèixer pel cel, l'aneguet es va capbussar a l'aigua de l'estany amb el cor que semblava que li volgués sortir del pit.

Va arribar l'hivern, i va ser un hivern d'allò més fred. El pobre aneguet va fer tot el que va poder per no cedir a l'escomesa del glaç. No volia morir de congelació. Caminava sense pausa i nedava amb força per no glaçar-se. Però dia rere dia el forat on nedava es reduïa més i més i l'aigua es cobria d'una crosta gelada. Fins que una nit que el fred era especialment intens, l'aneguet, tot encarcarat, es va adormir, i en despertar-se es va trobar amb les potes empresonades al glaç de l'estany.
Així el va veure un pagès l'endemà al matí. El pobre aneguet estava gairebé congelat. L'home va trencar el glaç i el va alliberar. Tot seguit el va embolicar amb la seva bufanda de llana i se'l va endur cap a casa.

El pagès tenia dos fills, que tan bon punt van veure l'aneguet van llançar crits de joia i li van fer tot de festes. Però quan l'aneguet va obrir el ulls, va confondre les manyagueries dels nens amb cops i amenaces. Dominat per la por, va començar a córrer esbojarradament per la cuina. Desorientat, va caure dins la galleda de la llet; després, cada vegada més espantat, va anar a abocar-se a la tina de la mantega. Déu n'hi do l'enrenou: els nens miraven d'atrapar-lo, la mare xisclava... Aterrit, l'aneguet va anar a parar dins el sac de la farina i en va sortir tot blanc. Sort hi va haver que la porta principal era oberta i que el pobre, empès per la desesperació, va fugir, corrent i entrebancant-se per la neu fresca...

Llavors va començar per al pobre aneguet un llarg reguitzell de dies cada vegada més freds. Va mantenir-se a distància de les cases; les persones que havia conegut només li havien donat disgustos. Va buscar recer prop d'un aiguamoll, allà on els matolls eren més espessos: almenys allà no hi havia ningú que el destorbés. Els ànecs havien volat molt lluny i ja pocs animals s'aventuraven a entrar al canyissar gelat. Va tenir la sort de no topar amb cap guineu ni amb cap llop.

—Almenys aquí hi ha pau —es deia el pobre. I així, dia rere dia, mirant d'arreplegar alguna cosa per menjar i arrecerant-se entre les fulles per protegir-se del gel, l'aneguet lleig va aconseguir de passar tot l'hivern.

Finalment, heus aquí la primavera. El dia es va allargar, l'aire es va fer tebi, la neu es va fondre i van deixar-se veure els primers brots tendres a les branques. Van tornar les orenetes i es van sentir de bell nou els refilets alegres dels ocells als arbres. L'aneguet estava content per primer cop a la seva vida. Va obrir les ales, de primer amb por; les va batre, cada vegada més segur, i de cop i volta va alçar el vol. Va volar i volar feliç, sostingut per aquelles ales grans i robustes, fins que es va trobar damunt d'un jardí adornat amb grans matolls florits que perfumaven l'aire. Al bell mig del jardí hi havia un estanyol, i per les aigües de l'estany lliscaven majestuosos els fantàstics ocells blancs que havia vist marxar la tardor abans. Amb el cor neguitós, l'aneguet va planar sobre l'estanyol.

Volia veure aquells ocells bellíssims, volia acostar-s'hi i parlar amb ells, però no gosava.

—Segur que així que em vegin s'enfadaran amb mi i m'atacaran. Però tant me fa: m'estimo més que em matin ells que no pas que em piquin els altres ànecs o que es mofin de mi gats i gallines, o morir glaçat l'hivern que ve.

Mentre s'anava repetint aquestes coses per agafar valor i nedar cap als cignes, dos d'ells el van veure i van anar-lo a buscar.

—Estic preparat per morir —va dir el desventurat en veu alta, i tot dient-ho va acotar el cap i va veure la seva imatge reflectida a l'aigua. El reflex el va deixar astorat. L'aneguet matusser de les plomes grises havia desaparegut: la que va veure a les aigües clares de l'estany era la imatge d'un elegant ocell blanc amb el coll llarg i esvelt. Com el dels bellíssims ocells blancs que tenia al costat. S'havia convertit en un cigne esplèndid. L'aneguet lleig era un formós cigne!

En aquell moment, dos vailets es van acostar a l'estanyol i van cridar:
—Ep, hi ha un cigne nou, i és molt maco. És el més maco de tots.
Van picar de mans tots contents i van avisar els altres nens del jardí. Aquella gatzara va atreure tots els cignes del llac, que es van inclinar davant del foraster i li van fer festes.
—Benvingut entre nosaltres —li van dir. I ell va sentir com el cor se li eixamplava de joia. Ho va oblidar tot: el fred, la fam, els insults. Somrigué i amagà el cap sota l'ala, tot cohibit. Ell, que sempre havia estat rebutjat per tothom, ara es veia envoltat d'afecte i d'admiració. Havia trobat el seu lloc al món, el lloc que li pertocava. Llavors va alçar el cap i va nedar a poc a poc cap als seus nous companys.

I es va quedar amb ells per sempre més.